내 고양이는 어디로 갔을까?

올리비에 댕-벨몽

세상의 아름다움에, 이 책이 존재하게 해준 모든 이들에게.

올리비에 댕-벨몽 글

친환경 건축과 이상적인 도시 계획에 각별한 관심이 있는 프랑스 건축가입니다. 스트라스부르에 있는 '프랑스 국립 응용과학원(INSA)'과 에피날에 있는 '프랑스 국립 숲 기술 및 산업 고등 연구원(ENSTIB)'에서 공부했습니다. 친환경 도시에 관한 에세이 『퍼머시티 : 일러스트로 제안하는 지속 가능한 도시 계획(Permacité : Continuer la ville différemment, une proposition illustrée)』을 코즈모그라피아 출판사(Éditions Cosmografia)에서 출간하고, 어린이들이 쉽고 재미있게 볼 수 있도록 각색하여 그림책 『내 고양이는 어디로 갔을까?』를 내놓았습니다. 현재 프랑스 리옹에 살고 있어요.

파흐리 마울라나 그림

인도네시아 반둥에서 건축을 공부한 후 프랑스 리옹에 있는 그래픽아트학교 에밀 콜에 입학하여 멀티미티어 드로잉을 전공했습니다. 엑스트라파주 출판사(Éditions Extrapage)에서 첫 어린이 그림책을 출간하였습니다. 『내 고양이는 어디로 갔을까?』는 사르바칸 출판사(Éditions Sarbacane)에서 출간되었습니다.

박정연 옮김

연세대학교 불어불문학과를 졸업하고, 이화여자대학교 통번역대학원 한불번역학과에서 석사 학위를 받았습니다. 한국 만화와 아동 도서를 해외로, 해외 도서를 국내에 소개하는 일을 하고 있습니다. 옮긴 책으로는 『늑대학교』 『내 안에 공룡이 있어요!』 『우리 집에 공룡이 살아요!』 『루이의 특별한 하루』 『나는 소심해요』 『열 번 보고 백 번 봐도 재미있는 동물백과』 『할아버지는 바람 속에 있단다』 『초코곰과 젤리곰』 『처음 학교 가는 날』 『말썽꾸러기 벌주기』 『그 다음엔』 『완두의 그림 학교』 등이 있습니다.

로빈의 그림책장 1

내 고양이는 어디로 갔을까?

지구를 지키는 친환경 도시 이야기

1판 1쇄 발행 2021년 11월 25일
1판 2쇄 발행 2022년 7월 25일

글 올리비에 댕-벨몽 | **그림** 파흐리 마울라나 | **옮김** 박정연
편집 전연휘 | **디자인** 정보라 | **마케팅** 양경희
펴낸이 전연휘 | **펴낸곳** 안녕로빈
출판등록 2018년 3월 20일(제 2018-000022호)
주소 서울특별시 광진구 아차산로69길 29 1108-206
전화 02 458 7307
팩스 02 6442 7347
전자우편 robinbooks@naver.com
포스트 post.naver.com/robinbooks
인스타그램 @childrenbooks_robin
스마트스토어 robinbooks.shop

ISBN 979-11-91942-01-9

내 고양이는 어디로 갔을까?

지구를 지키는 친환경 도시 이야기

올리비에 댕-벨몽 글 파흐리 마울라나 그림 박정연 옮김

안녕로빈

이사하기 싫어요!

벤치에 앉아 있는 아이가 보이나요? 바로 카미유예요.

카미유는 오늘 이 마을을 떠나야 해요. 부모님께서 퍼머시티로 이사한다고 하셨거든요.

퍼머시티는 새로 생긴 **친환경 도시**예요. 그런데 카미유는 무척 화가 났어요.
친환경 도시든 뭐든, 살던 집이며 정든 자기 방을 떠나기 싫었어요!
고양이 네로도 같은 마음인가 봐요. 오늘 아침에만 벌써
세 번씩이나 도망쳤지 뭐예요.

우리는 지구에 사는 다양한 종의 생명체들과 서로 영향을 주고받으며 살고 있어요. 햇빛, 공기, 물, 흙, 온도 등 환경에도 영향을 받아요. 우리는 거대한 **생태계** 일부예요. 카미유가 이사하는 '퍼머시티'는 도시 생태계를 잘 만들어낸 친환경 도시예요.

색으로 표시된 단어는 42~45p <지구를 지키는 마법의 단어들>에 자세히 설명해 두었어요.

이사 온 동네는 퍼머시티

이삿짐 트럭이 새로운 도시에 들어서더니, 입구에 멈춰 섰어요.

카미유 부모님은 마을 전기차에 이삿짐을 옮겨 실었어요. 새로운 이웃들이 도와주었어요. 전기차는 무거운 짐을 새집 앞까지 옮겼어요. 휘발유 모터로 움직이는 이삿짐 트럭은 퍼머시티로 들어올 수 없어요. **퍼머시티** 공기를 깨끗하게 유지하기 위해서예요. 카미유는 계속 화가 나 있네요. 아무것도 쳐다보지 않고 곧장 2층 자기 방으로 뛰어 올라갔어요.

와! 카미유 방은 벽, 천장, 바닥이 온통 나무로 되어 있어요. 방뿐만 아니라 집 전체가 나무로 지어졌어요. **나무**는 아주 오래전부터 인류가 사용한 친환경 재료예요. 나무는 스스로 자라니까 **화석 에너지**를 써서 만들 필요가 없어요. 더욱이 나무는 열이 천천히 통과하는 **친환경 단열재**예요. 나무로 된 카미유 방은 겨울에는 따뜻하고 여름에는 시원할 거예요.

이웃에 사는 엠마 아주머니가 카미유 가족을 환영하기 위해서 케이크를 만들고 있어요. 엠마 아주머니는 **흙**으로 지은 집에 살아요. 흙은 어디에서나 쉽게 구할 수 있는 경제적인 재료예요. 흙에 모래나 찰흙을 섞으면 벽돌처럼 굳혀서 쌓을 수도 있고, 페인트처럼 벽에 바를 수도 있어요.

나무집과 **흙집**은 실내 온도가 거의 변하지 않아요. 열을 저장하는 특징 때문이에요. 낮 동안에 뜨거운 열을 모아 두었다가 밤에 기온이 낮아지면 그 열을 발산해서 실내 온도를 유지해요. 나무와 흙 덕분에 카미유 부모님과 엠마 아주머니는 냉난방 비용을 아낄 수 있어요.

날씨를 생각해서 지은 집

휴식 시간이에요. 카미유 부모님은 정원이 보이는 발코니에서 잠시 쉬기로 했어요.

카미유 집은 길과 정원, 양쪽으로 열려 있어요. 집 입구는 활기찬 도시에 접해 있고, 반대쪽은 조용하고 상쾌한 정원을 바라보고 있어요. 신선한 바깥 공기가 쉽게 드나들어 환기가 잘 되니까 집안은 늘 상쾌해요. 여름에는 바람이 잘 통해서 시원하고, 겨울에는 햇볕이 집안 깊숙이 들어와서 따뜻해요.
카미유가 드나들기에도 딱 좋은 구조지요?

남쪽 창들은 정원 쪽 발코니 창만큼이나 커요! 추운 겨울이면 커다란 남쪽 창으로 햇볕이 들어와서 실내가 밝고 따뜻할 거예요. 더운 여름에도 걱정 없어요. 창문에 덧문이나 차양을 달고 덩굴 식물을 심으면 뜨거운 햇볕을 막을 수 있어요. 카미유 집은 날씨가 사람에게 어떤 영향을 미치는지 곰곰이 생각해서 지은 집이에요. 이런 집을 **생물기후학 건축**이라고 해요. 덩굴 식물을 좋아하는 네로는 벌써 이 집이 마음에 드나 봐요.

카미유 집은 엠마 아주머니 집과 붙어 있어요. 여기 집들은 가운데 벽을 이웃집과 공유해요. 각자 자기 집 벽을 따로 세울 때보다 집 짓는 비용이 적게 들어요. 이렇게 집을 지으면 열 손실도 줄일 수 있어요.

놀라운 도시 구조, 메가스트럭처

카미유는 새로 이사 온 동네를 보고 깜짝 놀랐어요. 집들이 아래부터 위까지 층층이 쌓여 있어요! 옆으로 나란히 집이 서 있던 이전 동네와는 매우 달라요. 이곳 주민들은 모두 자기 집이 서 있는 땅의 주인이에요. 같은 땅에 집을 지은 사람들이 땅값을 나누어 내니까, 적은 비용으로 자기 땅을 가질 수 있어요. 한 동네에 많은 사람이 모여 사는 것도 큰 장점이에요. 인구 밀도가 적당히 높아야 활기찬 도시가 될 수 있거든요.

퍼머시티는 집을 짓기 위한 기초 공사를 모두 마친 상태예요. 전체 구조를 이루는 지붕과 바닥은 원래부터 있었어요. 수도와 가스, 전기, 전화, 광케이블 등도 이미 설치해 두었어요. 도시 외곽에 단독 주택 한 채를 짓는 것보다 집 짓는 비용이 훨씬 적게 들어요. 가장 좋은 점은 정원이 있는 이층집을 자기가 좋아하는 스타일로 지을 수 있다는 거예요! 카미유 이웃집들을 보세요. 정말 다채로워요. 어떤 집은 식물로 뒤덮여 있는가 하면, 또 어떤 집은 계단이 미끄럼틀이에요.

퍼머시티처럼 수직 구조로 집들이 모여 있으면, 집 밖에 **공용 공간**이 많아져요. 그 공간은 사람이 모이는 광장이 되고, 농사짓는 땅이 되고, 야생 숲이 돼요. 사람이 자주 이용하는 곳들은 가까이 있어서 교통수단이 필요하지 않아요. 이동하는 데 드는 시간과 돈, 에너지를 절약할 수 있어요. 차가 뿜어내는 매연을 마시지 않아도 돼요. 차는 도시 밖 **공동 주차장**에 세워 놓고, 먼 곳에 갈 때만 사용해요. 가까운 곳에 갈 때는 걷거나 대중교통을 이용해요.

퍼머시티는 하나의 거대한 건축물 같아요. 도시 기초가 되는 이 거대한 구조를 **메가스트럭처**라고 해요. 공장이나 배, 경기장처럼 옛날에 쓰고 버린 거대한 골조가 새로운 도시로 탈바꿈했다고 상상하면 이해하기 쉬울 거예요. 기둥과 판으로 이루어진 튼튼한 구조 덕분에 퍼머시티 주민은 제각각 자기가 살고 싶은 집을 지을 수 있어요.

비가 내리고 바람이 오가는 공간

도시를 내려다보세요. 개방된 공공장소는 누구나 쉽게 이용할 수 있어요. 크고 작은 광장과 공원, 체육 시설과 문화 공간이 도시 곳곳에 있어요. 아래위 공간은 계단과 승강기로 연결해 놓았어요. 나이 드신 분, 임산부, 휠체어를 탄 사람, 자전거 타는 사람도 어디든 편하게 이동할 수 있어요. 무거운 짐을 나를 때도 편리해요.

승강기를 탄 카미유는 깜짝 놀랐어요. 지붕도 벽도 없는 승강기는 처음 타 보거든요.

'종이비행기를 날리면 멋지겠는걸!' 하고 카미유는 생각했어요.

길을 가다 보면 이곳처럼 유리 천창이 있는 공간을 만날 수 있어요. 이 공간에서는 비와 바람을 맞을 걱정 없이 가까이에서 날씨 변화를 느낄 수 있어요. 유리는 온실에서처럼 열을 모아두어요. 겨울에는 바깥보다 춥지 않고, 여름에는 바깥보다 덥지 않아요. 유리 천창 아래 있으면 건물 안과 밖의 중간 즈음에 있는 것 같아요. 날씨와 기후를 생각해서 지은 **생물기후학 건축** 덕분에 주민은 에너지 비용을 줄일 수 있어요. 냉난방 에너지를 사용하지 않고도 쾌적한 온도를 유지하는 건축을 **패시브 건축**이라고 해요.

카미유는 승강기를 타고 지붕으로 올라가면서, 원래 있던 집들 위로 새집이 지어지는 걸 보았어요. **메가스트럭처** 도시라서 규모가 점점 커질 수 있어요.
새로 짓는 집들은 무척 다양해요. 도시에는 나이도 성향도 다른 사람이 모여 함께 살아요. 퍼머시티 집도 사람만큼이나 다양해요. 예전부터 있던 집, 새로 지은 집, 구조가 자유로운 집, 전통적인 집, 식물이 어우러진 집, 색이 돋보이는 집! 제각각 집들이 뒤섞여 있는 풍경이 다채로워요.

전기차와 말이 끄는 수레를 찾아보세요.

지붕 위 도시 텃밭, 도시 농장

새로 지은 동네의 지붕 위에는 도시 텃밭과 도시 농장이 있어요. 이곳 주민은 각자 자기 땅에서 농사를 짓고 가축을 키워요. 카미유와 이야기하고 있는 앙리 할머니는 **도시 농장**에서 암탉을 키운대요. 압델 할아버지는 채소밭을 돌보고 있어요. 앙리 할머니와 압델 할아버지는 퍼머시티가 생기기 전부터 이곳에 살았어요. 정든 마을과 집에서 계속 살 수 있어서 무척 행복하대요. 텃밭과 농장까지 생겼으니 더할 나위 없이 좋은 거죠. 주민들은 여기에서 기른 것으로 요리한 음식을 좋아해요. 화학 비료나 살충제를 사용하지 않고 **유기농**으로 키우기 때문이에요.

카미유는 여러 가지 색으로 예쁘게 칠해 놓은 커다란 배관을 보았어요. 어떤 것은 환기를 위한 배관이고, 또 어떤 것은 집 안을 밝게 비추기 위한 배관이에요. **채광용 배관** 입구에는 빛을 모으는 센서가 있어요. 배관 안쪽은 유리처럼 빛을 반사하는 재질이에요. 빛은 배관을 통과해서 집안 곳곳을 환하게 비춰줘요. 어둡고 칙칙했던 욕실까지도 환해졌어요. 빛으로 밝아진 욕실을 찾아보세요.

빛, 바람, 흙처럼 자연이 주는 선물을 최대한 활용해 보세요.
이불과 옷을 지붕 위 빨랫줄에 널어 말리는 것처럼요. 지붕 위 광장은 빨래 말리는 장소로 최고예요. 오늘 아침에 가랑비가 왔지만, 그냥 두면 빨래는 저절로 마를 거예요. 바람과 태양이 있는데, 건조기를 왜 사용하겠어요? 건조기를 쓰면 전기료도 내야 하고, 부품도 교체해야 하잖아요. 게다가 공간을 차지하고 소음도 심한걸요. 퍼머시티 주민은 주로 쉽고 단순한 **로우테크놀로지** 도구와 기계를 사용하는 걸 좋아해요. 그중 빨랫줄은 가장 단순하고 유용한 도구예요.

도시 텃밭과 **도시 농장**에서 농축산물을 생산하고 그 지역에서 소비하는 일은 지구를 지키는 하나의 방법이에요. 지구를 생각한다면 운송 에너지 사용을 줄여야 해요. 소를 키우고 도축하고 포장하고 운반하는 데 쓰이는 에너지양은 엄청나요. 알고 있나요? 소고기가 우리 식탁 위에 오르기까지 자동차보다 훨씬 많은 온실가스를 배출해요.

고양이는 어디 있나요? 네로가 지나간 두 곳을 찾아보세요.

바람이 일을 해요

퍼머시티에서 사용하는 전기 에너지는 대부분 퍼머시티에서 만들어요. 풍력 발전기도 전기를 만드는 데 한몫하지요!

보이나요? 저기, 높이 서 있는 하얀 구조물이 풍력 발전기예요. 가운데 키가 큰 축을 중심으로 양쪽 날개가 회전목마처럼 돌아요. 바람이 어느 방향에서 불어오든 빙글빙글 돌며 **재생 에너지**를 만드는 똑똑한 기계예요.

지붕 위 광장에서 카미유는 새 친구를 만났어요. 이름은 사샤, 이곳에 산 지 2년이 되었대요. 사샤가 좋아하는 건 풍차를 닮은 수풍력 발전기예요. 예쁜 색깔의 날개가 돌면서 삐걱삐걱 정다운 소리를 내요. 바람의 힘으로 날개를 돌려서 만든 전기 에너지가 펌프에 전달되어서 물을 끌어올려요. 수풍력 발전기도 단순한 원리의 **로우테크놀로지** 기계예요. 잘 고장 나지 않지만, 어쩌다 고장 나도 사샤의 부모님은 쉽게 고칠 수 있대요.

사샤의 할머니가 사는 시골 마을에도 똑같은 것이 있다고 해요. 그것은 운하나 저수지 물을 끌어 올려서 논밭에 뿌려준대요. 이곳에서는 빗물을 끌어 올리기 위해 수풍력 발전기를 사용해요. 사샤는 몇 시간이고 발전기 얘기를 들려줄 수 있을 것 같아요. 하지만 카미유는 그럴 여유가 없어요. 네로를 찾아야 하니까요.

여러분도 눈치챘겠지만, 퍼머시티에서는 많은 것을 주민이 함께 사용해요. 이런 특별한 생활이 가능한 것은 탄탄한 지역 협회가 있기 때문이에요. 협회는 새로 이사 온 사람을 맞아 주고, 도시 시스템을 이용하는 법을 알려줘요. 퍼머시티 주민이 되면 도시 시스템을 관리하고 보존하는 일에 참여할 수 있어요!
풍차야, 내 연을 놓아줘!
와, 엄청 크다!
이건 풍력 발전기야.
풍력 발전기?
고양이는 어디 있나요? 네로가 지나간 네 곳을 찾아보세요.

채소가 자라고 열매가 익어요

도저히 네로를 찾을 수 없어요! 네로는 할머니 집에 왔다고 착각하는 모양이에요. 시골 할머니 집 주변에는 네로가 좋아하는 재미있는 곳들이 많거든요!

지붕 위는 정말 시골 같아요. 밭에는 채소가 쑥쑥 자라고, 나무에는 열매가 주렁주렁 열렸어요. 꿀벌은 꿀을 따려고 꽃 주변을 붕붕 날아다녀요. 살충제를 뿌리지 않아서 꿀벌이 있는 거예요. 해충을 죽이려고 뿌린 살충제는 꿀벌도 죽여요. 카미유는 꿀을 좋아해요! 꿀벌이 사라지면 맛있는 꿀을 먹을 수 없어요. 꿀벌의 도움으로 열매를 맺는 과일과 채소도 먹지 못하게 되죠!

가랑비가 내리고 나니, 흙에서 좋은 냄새가 나요. 비를 맞은 잎은 파릇파릇 싱그러워요. 수풍력 발전기 아래 놓인 탱크에는 빗물이 저장되어 있어요. 오랫동안 비가 오지 않으면 탱크의 물로 농작물을 키워요. 비가 충분히 와야 농작물이 잘 자라는데, **지구온난화** 때문에 여름에도 비가 오지 않는 날이 많아졌어요. 탱크 물은 청소와 세탁할 때 쓰고 변기통을 채워요.

퍼머시티 주민은 음식물이나 식물처럼 잘 썩는 쓰레기를 환기가 잘 되는 통 안에 넣어요. 통 안에 있는 지렁이나 지네, 민달팽이가 쓰레기를 빠르게 분해하면 **퇴비**가 돼요. 이 퇴비는 훌륭한 **천연 비료**예요. 주민들은 퇴비를 가져다가 자기 밭과 정원에 뿌려요.

퍼머시티에서는 **두둑 경작**을 해요. 썩은 나무나 잔가지, 낙엽 등을 모아 작은 언덕을 만들고 시간이 흐르면 비옥한 땅이 돼요. 두둑하게 솟은 땅이 햇볕을 충분히 받으면 겨우내 언 땅이 빠르게 녹아요. 이른 봄부터 경작을 시작할 수 있고 늦가을까지 농작물을 수확할 수 있어요! **두둑 경작**은 작은 땅에서 여러 가지 작물을 많이 재배할 수 있는 지혜로운 농사법이에요. 사람들은 수백 년 전부터 이 방법으로 농작물을 키웠어요.

고양이는 어디 있나요? 네로가 지나간 세 곳을 찾아보세요.

태양이 만들어요

네로가 검은색 판 사이로 사뿐사뿐 걸어가고 있어요. 이 판은 태양열 온수판이에요.
태양열은 훌륭한 **재생 에너지**예요. 온수판 안에서 순환하는 물을 햇볕이 데워주면, 따뜻한 온수가 되어 수도관에서 흘러나와요. 또 전기도 태양열로 만들어요. 저기 커다란 유리 천창이 보이죠? 유리 천창에 붙어있는 짙은 파란색 판이 태양전지예요. 태양전지는 태양빛을 흡수해서 전기로 저장해 두어요. 퍼머시티에서는 이처럼 단순한 **로우테크놀로지**로 온수와 전기를 만들어요.

햇볕이 뜨거울 때면 **유리 천창**이 저절로 닫혀요. 유리 천창에 붙어있는 **태양전지**가 태양열을 전기로 저장하고 유리를 보호해요. 유리 천창 아래에는 그늘이 드리워져서 시원해요. 구름이 태양을 가릴 때면 유리 천창이 저절로 열려요. 위쪽으로 뜨거운 공기가 빠져나가고, 아래쪽으로 시원한 공기가 들어와요.

식물이 뿜어내는 **산소**와 **피톤치드**는 공기를 상쾌하게 해줘요. 식물은 이산화탄소를 흡수하고 산소를 방출해요. 또 박테리아, 곰팡이, 해충 등을 물리치기 위해 피톤치드를 내뿜어요. 쾌적한 환경을 위해서 어디에 어떤 나무를 심을지 계획하는 것도 중요해요. 창가에 심은 잎이 큰 나무는 공기를 상쾌하게 해요. 이 나무는 한여름에 햇볕을 차단하는 훌륭한 **선스크린**이에요. 겨울에 잎이 떨어지면 햇볕이 창 안으로 들어와서 실내가 밝고 따뜻해져요.

광합성은 식물이 빛을 이용해서 이산화탄소와 물로 탄수화물과 산소를 만드는 과정이에요. 잎에 있는 엽록소가 공기 중에 있는 이산화탄소를 흡수하고 산소를 방출해요. 식물이 내뿜는 산소 덕분에 우리는 상쾌한 공기를 마실 수 있어요.

지붕 위 테라스, 유기농 식당

어느새 점심시간이 되었네요! 카미유와 사샤는 지붕 위 테라스에 있는 야외 식당을 지나가고 있어요. 사람들이 전망 좋은 자리에 앉아서 맛있는 점심을 먹고 있어요. 식당 주인은 이웃의 **도시 텃밭**에서 산 유기농 채소와 과일로 건강한 요리를 만들어요. 주말에 퍼머시티에 놀러 오면 이곳을 이용할 수 있어요.

퍼머시티의 온실에는 바질, 토마토, 포도나무가 함께 자라고 있어요. 바질 옆에 토마토를 심으면 싱싱한 토마토 열매를 많이 수확할 수 있어요. 강한 바질 향 때문에 해충이 멀리 도망가거든요. 포도나무 덩굴은 온실 구조물을 감고 올라가면서 수분을 뿜어요. 충분한 수분 덕분에 근처에 있는 토마토와 바질이 잘 자라요. 서로 돕는 식물을 함께 키우는 이 방법은 아메리카 인디언 **세 자매 농법**이에요.

쟝 아저씨는 **온실**을 가지고 있어요. 온실에는 토마토와 오이, 완두콩, 무, 양상추, 가지, 멜론, 딸기, 심지어 산딸기도 자라요. 추운 계절이 와도 온실에서는 농작물을 키울 수 있어요! 하지만 한겨울에 난방 에너지를 사용하면서 토마토를 키우진 않아요! **태양열 에너지**로만 온실 온도를 유지해요. 쟝 아저씨는 종종 온실에 어린이들을 초대해요. **세 자매 농법** 등 농작물을 잘 키울 수 있는 방법을 알려 주고 직접 체험할 수 있게 해줘요.

으악! 사샤가 카미유에게 꿈틀거리는 **지렁이**를 보여줬어요. 살아 움직이는 진짜 지렁이예요! 지렁이처럼 작은 동물은 땅을 건강하게 만들어요. 똥을 싸서 흙을 비옥하게 하고, 땅속을 기어 다니며 흙을 뒤섞어 줘요. 지렁이가 지나간 길은 공기와 물이 지나가는 통로가 되요. 지렁이가 없으면 맛있는 산딸기도 키울 수 없어요. 진딧물을 잡아먹는 **무당벌레**도 고마운 동물이에요. 진딧물이 채소 이파리를 갉아 먹으면 수확물이 줄어들거든요.

고양이는 어디 있나요? 네로가 지나간 세 곳을 찾아보세요.

사샤 집은 공사중

꿈에 그리던 집에 사는 가장 좋은 방법은 스스로 집을 짓는 거예요!

전문가 도움을 받으면 어렵지 않아요. 제롬 아저씨는 건축가예요. 퍼머시티 주민이 집을 지을 때마다 도와줘요. 퍼머시티에서 집을 짓는 일은 다른 곳보다 간단하고 비용이 적게 들어요. 튼튼한 **메가스트럭처** 안에 집 지을 자리를 마련해 두었거든요. 수도나 전기, 가스, 전화처럼 생활에 꼭 필요한 시설도 완벽하게 갖추어 놓았어요.

옛날에는 집을 짓는 일이 축제 같았어요. 이웃과 친구, 친척이 **집짓기**를 도왔죠. 터 파기, 지붕 올리기 등 집을 짓는 중요한 단계마다, **마을 잔치**를 열곤 했어요. 퍼머시티에서 집을 지을 때도 비슷해요. 이웃 사람들이 사샤네 집짓기를 도와주고 있어요. 서로 도우며 더불어 사는 행복을 느낄 수 있어요.

사샤네는 이층집이에요. 이층집에는 다양한 공간을 연출할 수 있어요. 천정이 높은 탁 트인 거실을 만들 수 있고, 계단처럼 연출한 서재도 가능해요. 카미유네도 이층집이에요. 카미유는 거실에 높은 벽을 세워 암벽타기를 하면 좋겠다고 상상하고 있어요.

사샤 부모님은 집을 지으면서 벽과 천장 속에 **짚**을 넣어요. 들판에서 흔히 볼 수 있는 짚은 추위를 효과적으로 막아주는 성능 좋은 **친환경 단열재**예요. 더욱이 짚은 공기가 잘 통해서 **실내 환기**도 잘 돼요. 짚은 매우 경제적인 건축 재료예요.

찾아보세요. 톱, 스패너, 흙손

돌고 도는 순환 생태계

커다란 습지가 있는 야생 숲 같지만, 이곳 역시 퍼머시티예요. 습지에서 자라는 갈대는 물을 거르는 필터 역할을 해요. 더러워진 물이 갈대가 자라는 얕은 습지를 통과하면서 깨끗해져요. 오염된 환경을 식물로 깨끗하게 만드는 일을 **식물환경정화**라고 해요. 퍼머시티에서는 화학 약품으로 물을 정화하지 않아요. 깨끗해진 물을 탱크에 저장해 두었다가 날이 가물 때 농작물에 주고, 빨래를 하고, 화장실 물로 사용해요. 더러워진 물은 다시 습지로 흘러와서 갈대숲에서 걸러져요! **식물환경정화**는 돌고 돌아 출발점으로 되돌아오는 **순환 생태계**의 일부예요.

퍼머시티 주민이면 누구나 이곳에 올 수 있어요! 다만, 여기 사는 동물과 식물의 생활 방식을 존중할 거라고 약속해야 해요. 예를 들어 야생 동식물은 시끄러운 것을 싫어해요. 소곤소곤 말해야 해요. 습지는 **생물다양성**이 매우 높은 곳이에요. 다양한 생물 종, 수많은 개체가 어우러져 살고 있다는 뜻이에요. 습지에는 여러 종의 개구리가 살고 있어요. 개구리는 모기와 파리를 잡아먹는 고마운 동물이에요.

자연의 모든 것은 해가 뜨고 지는 것처럼 돌고 돌아요. 물도 마찬가지예요. 구름이 비를 뿌리면 비는 강물이 돼요. 강물은 흘러 흘러 바닷물이 되지요. 바닷물은 증발해서 다시 구름이 돼요. 거대한 **순환 생태계** 아래 지구의 생명체들이 살아가고 있어요.

사샤는 때때로 물 대신 톱밥으로
마른세수를 한대요. 마른세수를 하면
물을 절약하고 천연 거름을
얻을 수 있대요!
네로는 뭘 좋아해?
습지에 물고기가 많이 살고 있어!
물고기를 제일 좋아해.
공동작업장
자재협동조합
고양이는 어디 있나요? 네로가 지나간 세 곳을 찾아보세요.

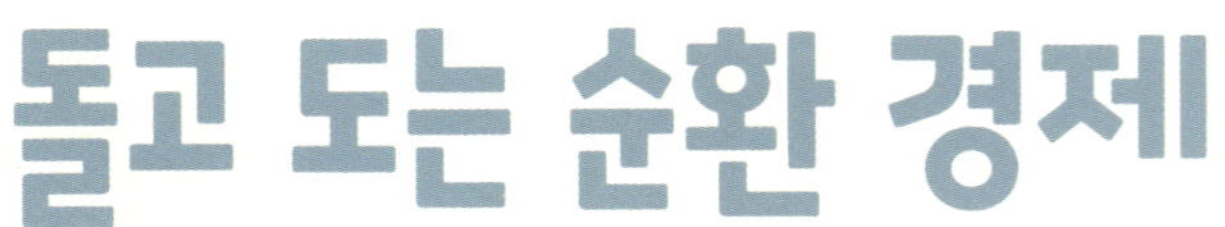

돌고 도는 순환 경제

카미유와 사샤는 습지 옆 넓은 작업장에 들어가 보았어요. 사람들이 신나게 일하고 있지요? 이곳에는 **자재 협동조합**이 있어요. 협동조합은 주민에게 필요한 자재를 **공동구매**로 저렴한 가격에 사 두어요. 그리고 오래된 집을 허물 때에는 나무나 금속, 흙, 파이프 등 **재활용**할 수 있는 것들은 모아두어요. 이곳에 있는 기계와 도구는 주민이 **공유**해요. 작은 톱부터 흙을 섞는 대형 콘크리트 믹서까지 여러 가지 도구를 빌려 쓰고 반납해요.

더 이상 사용하지 않는 물건은 다른 사람이 쓸 수 있도록 **재활용 센터**에 접수해요. 접수된 물건 중 고장 난 것은 **수리 센터**에서 고칠 수 있어요. 자전거나 옷, 세탁기, 컴퓨터도 새 물건처럼 수리해 줘요. 완전히 망가진 물건은 해체해서 부품별로 모아 두어요. 어떤 사람들은 이 부품을 가져다가 새로운 물건을 만들어요. 낡아빠진 옷을 잘게 찢어서 **친환경 단열재**를 만든 사람도 있어요. 이렇게 가치 있는 **새활용 제품**은 돈을 받고 팔 수 있어요.

순환 경제는 순환 생태계처럼 돌고 도는 하나의 거대한 고리예요. 오래된 건물을 허물 때 나온 자재는 다시 건축 재료가 되고, 사용하고 버린 물건은 다시 새 제품이 돼요. 순환 경제가 활발해지면 생산량이 점점 줄어드는 원자재를 아낄 수 있어요. **지역 경제**가 활발해지면 먼 곳을 이동하는 운송 에너지를 줄일 수 있어요. 자재 협동조합, 재활용 센터, **지역 화폐**가 제 역할을 잘하면 지역 경제가 활발하게 순환해요.

퍼머시티 안에서는 대부분 **지역 화폐**로 값을 치러요. 지역 협회가 만든 지역 화폐는 퍼머시티 안에서만 사용할 수 있어요. 저축하더라도 이자가 없어서 은행에 모아두지 않고 모두 사용해요. 지역 안에서 돌고 돌면서 **생산**과 **소비**를 활발하게 만들죠. 덕분에 먼 곳에서 운반해 오는 물건 양은 많이 줄었어요. 지역 화폐는 **지역 경제**를 살리는 역할을 톡톡히 해내고, 더불어 지구 환경도 지켜줘요.

활기 넘치는 광장, 안전한 도시

하루 일이 끝나는 저녁 시간이에요. 이 시간이 되면 광장은 많은 사람으로 북적북적 활기 넘쳐요.
광장에는 흥미로운 일이 많기 때문이에요. 카미유와 사샤는 광장을 가로질러 다니고 있어요. 카미유는 이전 동네에서 쌩쌩 달리는 차 때문에 늘 불안했어요! 차들이 내뿜는 매연 탓에 숨이 막혔죠. 퍼머시티의 도로에는 차가 다니지 않아요. 기름을 줄줄 흘리는 커다란 트럭이 들어오지 못하죠. 무거운 짐은 전기 운송기와 말이 끄는 수레가 운반해요. 바쁘면 자전거나 스케이트, 킥보드를 타요. 꽉 막힌 도로에 서 있는 차보다 훨씬 빠르죠. 신선한 공기를 마셔 보세요. 꽃향기가 나지요? 사방에 꽃들이 피어 있어요. 개학하면 카미유는 사샤와 걸어서 학교에 갈 거예요!

퍼머시티 주민은 **생산자**이자 동시에 **소비자**예요. 퍼머시티에 많은 사람이 살고 있어서 활발하게 생산하고 다양한 서비스를 이용할 수 있어요. 손님이 많으니까 상점을 운영할 수 있고, 관객이 오니까 극장을 열 수 있어요. 어떤 **서비스**라도 사용자가 많아야 유지할 수 있어요. 인구가 적은 시골에서는 어려운 일이에요.

도서관 사서 마르고 씨는 책을 정돈하고 있어요. 유리 천창 덕분에 도서관 밖에도 책을 진열해 둘 수 있어요. 책을 바깥에 두면 사람들이 쉽게 책과 친해질 수 있어요. 책을 좋아하는 사람들은 이곳에서 자연스럽게 어울려요. 마르고 씨는 옆 상점에서 옷을 파는 아주머니와 친해졌어요. 광장을 지나는 목수 아저씨와도 매일 인사를 나누죠. 이곳에 이사 온 후 마르고 씨는 친한 이웃이 많아졌대요.

광장은 모두를 위해 열려 있어요. 정말 활기 넘치죠! 주민들은 **일일 장터**를 열고, 댄스 수업을 해요. 그림을 배운 사람이 모여 전시도 하지요. 지역 협회는 바자를 열어서 **공공 자금**을 모아요. 다른 편 광장에서도 여러 상점과 협회가 다양하고 흥미로운 활동을 벌여요. 도서관 사서 마르고 씨는 지난주에 정원 가꾸기 수업을 들었어요. 오늘은 타일 붙이는 방법을 배워볼 참이에요. 지루할 틈이 없겠지요. 퍼머시티! 정말 흥미롭지 않나요?

도서관 사서 마르고 씨는 어디 있나요?

쉿! 야생 동물이 살고 있어요

여기 동물을 보세요! 퍼머시티 언덕에는 다양한 동물이 살고 있어요. 카미유와 네로는 동물을 지켜보느라 시간 가는 줄 몰라요. 붉은 여우와 고슴도치는 집 밖에 나와 있고, 올빼미는 숲길을 산책하는 오소리를 내려다보고 있어요. 매가 새끼를 돌보는 동안, 박쥐는 사냥에 나서요. 한참 놀다 지친 아기 다람쥐는 엄마가 기다리는 집으로 돌아가요. 퍼머시티 주민은 언덕을 **야생** 그대로 두었어요. **생물다양성**이 높은 환경이 유지되어야 **지속 가능한 도시**가 될 수 있어요. 자세히 들여다보세요. 더 많은 동물을 찾을 수 있어요.

언덕에는 다양한 **곤충**도 살고 있어요. 개미는 개미굴의 입구를 닫아두고 있어요. 뒝벌과 말벌은 각자 벌집으로 돌아갔어요. 무당벌레는 진딧물을 내버려 두었어요. 내일 먹을 생각인가 봐요. 사마귀는 풀줄기 끝에 매달려 두리번거려요. 나방들은 사방으로 날아다니죠. 가까이 들여다보면 얼마나 많고 다양한 곤충이 있는지 알 수 있어요. 곤충은 **생물다양성**이 매우 높아요. 곤충 종은 전체 동물 종의 대다수를 차지해요.

퍼머시티 주민은 **야생 동물**을 보려고
한꺼번에 이곳으로 모여들지 않아요. 지붕 테라스나
자기 집 정원에서도 충분히 자연을 느낄 수 있어요.
어떤 집은 **나무 위 오두막**도 있는걸요!
카미유는 아직 모르지만, 카미유 집에는
정말 예쁜 오두막이 있어요.

찾아보세요. 고슴도치, 붉은 여우, 오소리

구름다리 건너, 나무 위 오두막

카미유는 집안을 가로질러 정원에 도착했어요. 그리고 구름다리 건너에 있는 나무 위 오두막을 발견했어요. 이렇게 예쁜 오두막이 있다니, 꿈만 같았죠! 이사하느라 지친 카미유 부모님이 오두막에서 시원한 석류 주스를 마시고 있어요. 카미유 부모님은 오두막에 꽃 화분을 매달아 두었어요. 태양 아래에서 비와 바람을 맞으며 예쁜 꽃을 피울 거예요. 오두막은 또 하나의 작은 정원이자 테라스예요. 오두막에서 보는 저녁노을은 정말 근사해요.

카미유는 먼저 살던 동네의 낡은 정자는 완전히 잊어버렸어요. 오두막을 근사하게 꾸밀 생각으로 머릿속이 가득 찼죠! 사샤가 도와줄 거예요. 오두막이 완성되면 부모님께 보여드릴 거예요. 이번에는 카미유가 부모님을 안내하는 거죠! 퍼머시티로 이사 오길 정말 잘했죠?

퍼머시티 소개는 이것으로 마칠게요. 친환경 도시를 둘러본 감상이 어떤가요? 자연과 이웃과 더불어 사는 모습이 행복해 보였나요? 퍼머시티는 상상 도시가 아니에요. 지붕 위 정원과 테라스, 도시 텃밭과 도시 농장, 메가스트럭처, 식물환경정화, 패시브 건축 등 여러분이 퍼머시티에서 본 것은 모두 실제로 존재해요. **퍼머시티**는 그것을 모아 놓았을 뿐이에요. 프랑스 한 도시에 있는 아파트에서는 집에 있는 구름다리를 건너 나무 위 오두막에 갈 수 있어요.

상상해 보세요, 친환경 미래 도시

여러분은 미래에 어떤 도시에 살고 싶나요? 여러분이 꿈꾸는 도시는 어떤 모습인가요?

세계 곳곳에 친환경 도시가 생겨나고 있어요. 기후 위기를 걱정하는 사람들이 지구를 지키기 위해서 여러 가지 활동을 하고 있어요. **퍼머시티**는 그들이 생각한 걸 모아놓은 도시 계획 아이디어예요. 다양한 지역에 다양한 방식으로 퍼머시티를 적용할 수 있어요. 어떤 기후인지, 인구가 많은 곳인지 아닌지, 어떤 전통이 있는 사회인지, 경제가 어떻게 돌아가는지에 따라 다양한 파머시티를 만들 수 있어요.

퍼머시티를 계획할 때 생물다양성을 확보한다는 이유로, 사람이 살지 않는 외딴곳에 터를 잡지 않았어요. 모든 걸 새로 짓지도 않았어요. 오래된 도시에 남아 있는 공간을 새 도시로 만들었어요. 원래 있던 도시를 존중해서 나무를 베지 않았고, 거리를 없애지 않았어요. 아주 오래전부터 사람이 살았던 도시를 새롭게 한다고 생각했어요.

퍼머시티에는 자연과 사람이 어우러져 살듯 젊은이와 노인이 함께 살아요. 노인들의 오래된 지혜는 사라지지 않고 다음 세대로 이어질 거예요. 퍼머시티가 처음부터 친환경 도시였던 건 아니에요. 오래된 것이 새로운 것과 만나 멋지게 변한 거예요!

지구를 지키는 마법의 단어!

퍼머시티 : '퍼머컬처(perma_culture 영속농업)'와 '시테(cité 도시)'의 합성어예요.

고대에는 독립적이고 자유로운 사람들이 모여 사는 사회를 '시테(cité)'라고 했어요. 시테에 사는 사람들은 '시민'이라고 불렀죠. 오늘날 '시테(cité)'는 '도시(city)'를 의미해요. 한 나라의 국민이자 시민은 누려야 할 권리와 지켜야 할 의무가 있어요. 예를 들어 공공 생활에 참여할 권리, 환경을 지켜야 할 의무가 있어요.

퍼머컬처 : 자연 생태계를 해치지 않으면서 인간에게 필요한 농작물을 얻으려는 농업 방식이에요.

예를 들어 과일과 채소를 재배하는 땅에 지렁이 같은 작은 동물이 살 수 있도록 화학 비료를 섞지 않아요. 지렁이가 사는 건강한 땅에서 얻은 유기농 농작물을 먹으면 우리도 건강해져요.

'퍼머시티'는 '퍼머컬처'의 가치를 지키려는 도시 계획 아이디어예요.

퍼머시티처럼 친환경 도시에서 살려면 꼭 필요한 공간만 사용하고 나머지는 자연에 양보해야 해요. 자연 생태계가 잘 보존되고 생물다양성이 높아져야 우리도 건강하게 살 수 있어요.

고양이 네로를 찾아 나선 퍼머시티 도시 탐방! 즐거웠나요?
퍼머시티에서 들었던 낯선 단어들은 '지구를 지키는 마법의 단어'예요.
단어의 뜻을 알면 더 멋진 친환경 미래 도시를 상상할 수 있을 거예요.

도시 농장

공장식 축산을 줄여요 _ 18p, 19p

앙리 할머니를 기억하나요? 지붕 위 정원에서 카미유를 도와준 분이죠. 앙리 할머니처럼 도시 농장에서는 암탉 같은 가축을 키울 수 있어요. 할머니는 도시에 살면서도 건강한 닭이 낳은 신선한 달걀을 먹을 수 있어서 행복하대요. 도시 농장으로 공장식 축산을 줄이면 가축 배설물 때문에 환경이 오염되는 것을 막을 수 있어요. 먼 지역에서 식자재를 가져오느라 쓰는 운송 에너지도 줄일 수 있어요. 먹다 남은 음식은 돼지들이 먹으니까 음식 쓰레기도 줄어들죠. 암탉 배설물은 훌륭한 거름이에요. 자라나는 잔디는 양들이 뜯어 먹어서 잔디 깎는 기계를 쓸 필요가 없어요.

로우테크놀로지

쉽고 단순한 기술 _ 19p, 20p, 24p

컴퓨터나 스마트폰, 최신 자동차 같은 하이테크놀로지 첨단 기계는 매우 다양한 기술을 결합했어요. 기술이 세밀하게 얽혀 있을수록 수리하거나 재활용하기 어려워요. 수풍력 발전기, 자전거, 빨랫줄과 같은 쉽고 단순한 로우테크놀로지 도구는 기본적인 기계 원리를 아는 사람이면 누구나 쉽게 고칠 수 있고 재활용할 수 있어요. 로우테크놀로지 기계를 사용하면 에너지와 자원 소비를 줄일 수 있어요.

메가스트럭처

거대한 도시 구조 _ 15p, 17p, 28p

메가스트럭처는 퍼머시티의 골격이에요 '메가'는 그리스어로 '거대한'이라는 뜻이에요. 공공장소와 주택가, 상점가 그리고 그곳을 잇는 골목과 도로처럼, 도시를 이루는 다양한 요소가 하나로 묶인 '거대 구조'가 '메가스트럭처'예요. 메가스트럭처는 60년대부터 쓰기 시작한 용어예요. 당시 공상과학소설(SF)에 등장해서 알려진 후 사용해 왔어요.

생물기후학 건축

날씨와 기후를 생각해요 _ 13p, 17p

여러분은 어떨 때 쾌적하다고 느끼나요? 밝고 따뜻한 햇볕 아래에서, 뜨거운 태양을 가려 주는 그늘에서, 신선한 바람이 살랑살랑 불 때, 적절한 습도와 온도가 유지될 때, 잘 키운 식물이 주변에 있을 때 우리는 쾌적함을 느껴요. 생물기후학 건축은 이 모든 것이 균형을 잡고 유지되는 공간이에요. 빛과 바람이 어느 방향에서 와서 어느 방향으로 기우는지를 생각해서 건물의 입구와 창문의 방향을 정해요. 차가운 공기와 뜨거운 열을 어떻게 차단하고 끌어올지 생각해요. 시시때때로 변하는 자연 환경을 생각해서 집을 지으면 에너지 비용을 많이 들이지 않고도 따뜻하고 시원하게 살 수 있어요. 생물기후학 건축은 냉난방 에너지 사용을 줄일 수 있어요. 퍼머시티는 생물기후학 건축 원리를 적용해서 지은 도시예요!

생물다양성

지속가능한 지구 환경을 만들어요 _ 30p, 36p

'생물다양성'은 '생명성'과 '다양성'의 합성어예요. 다양한 유전자와 생물 종이 살고 생태계도 다양할 때 '생물다양성'이 높다고 말해요. 생물다양성이 높아야 환경오염과 기후변화의 위기를 잘 버텨낼 수 있어요. 생물다양성은 지속가능한 지구를 위한 중요한 열쇠예요.

생태계

생물, 환경, 그들의 상호작용 _ 8p

생물, 그들이 사는 환경, 생물들 간의 상호작용 모두를 합하여 '생태계'라고 해요. 숲이나 빙산, 강과 산 등 특정 환경에 사는 생물은 모두 달라요. 생물이 어울려 사는 방식도 다양해요. 생태계의 어느 한 종이 사라지면, 그 종을 먹고사는 포식자도 사라질 수 있어요. 농촌에서 무분별하게 살충제를 사용해서 많은 곤충이 사라졌어요. 그 후 곤충을 먹고사는 새들의 개체 수도 줄었어요. 어느 한 부분의 균형이 깨지면 생태계 전체가 무너질 수 있어요. 벌이 꿀을 모아야 식물은 다시 꽃과 열매를 맺을 수 있어요. 벌이 사라지면 꽃도 사라져요. 인간도 예외일 수 없어요.

선스크린

뜨거운 햇볕과 자외선을 차단해요 _ 25p

남쪽으로 창문을 크게 내면 집을 따뜻하게 만들 수 있어요. 하지만 햇볕이 강한 여름에는 집안이 너무 더워지지 않도록 햇볕을 차단해야 해요. 피부 건강을 해치는 자외선도 막아야 해요. 창문에 커튼과 블라인드, 차양이나 덧창 등 선스크린을 설치하면 냉방비를 줄일 수 있어요. 창문 위에 덩굴 식물이 자라도록 하는 것도 좋은 방법이에요.

세 자매 농법

서로 돕는 세 가지 작물을 함께 키워요 _ 26p, 27p

장 아저씨는 지붕 위 온실에 바질, 토마토, 포도를 함께 키우고 있어요. 이것은 아메리카 인디언들의 전통적인 농사법인 '세 자매 농법'이에요. 예를 들어 콩, 옥수수, 호박을 함께 키워요. 옥수수는 콩이 잘 자라도록 줄기를 내어주고, 땡볕에서 호박을 보호해 줘요. 콩은 스스로 거름을 만들어서 옥수수와 호박이 자라는 땅에 영양을 공급해요. 호박은 땅으로 덩굴을 뻗으며 잡초가 자라는 걸 막고 적절한 습도를 유지해 줘요. 호박잎에 난 털처럼 가는 가시는 초식동물의 공격으로부터 열매를 보호해요. 근처에 있는 옥수수도 덩달아 보호받아요. 이 외에도 여러 가지 방법이 있어요. 책 한 권으로는 설명할 수 없을 정도예요!

조작된 기계 고장

고장 나도록 만들어진 기계

대기업은 제품을 생산할 때 일정한 기간이 지나면 저절로 고장 나도록 만들었어요. 새로 출시된 제품을 팔기 위해서예요. 이런 방식으로 고객을 단골로 만들곤 하죠! 퍼머시티는 로우테크놀로지, 순환 경제, 재활용 작업장 등으로 조작된 기계 고장에 맞서고 있어요. 원자재의 낭비, 산업 폐기물로 인한 오염, 화석 에너지의 소비를 줄이기 위해서예요.

지속 가능한 도시

오래된 것과 새것이 공존해요 _ 36p

자연을 존중한다는 것은 인간과 인간이 사는 공간, 그 역사도 존중한다는 뜻이에요. 퍼머시티를 계획할 때 생물다양성을 확보한다는 이유로, 사람이 살지 않는 외딴곳에 터를 잡지 않았어요. 모든 걸 새로 짓지도 않았지요. 오래된 도시에 남아 있는 공간을 새 도시로 만들었어요. 원래 있던 도시를 존중해서 나무를 베지 않았고, 거리를 없애지 않았어요. 아주 오래전부터 사람이 살았던 도시를 확장한다고 생각했어요. 그래서 새 도시가 세워졌을 때 나이 많은 어른들도 계속 살 수 있었어요. 퍼머시티에는 자연과 사람이 어우러져 살듯 젊은이와 노인이 함께 살아요. 노인들의 오래된 지혜는 사라지지 않고 다음 세대로 이어질 거예요. 퍼머시티가 처음부터 친환경 도시였던 건 아니에요. 오래된 도시가 새로운 것과 만나 새롭게 변한 거예요!

재생 에너지

온실가스를 배출하지 않아요 _ 20p, 24p

재생 에너지는 화석 에너지와 정반대에요. 태양열, 풍력, 지열, 수력 같은 재생 에너지는 어디에나 있고 줄어들지도 않아요. 온실가스를 배출하지도 않아요. 이런 재생 에너지를 사용하는 것이 지구를 살리는 일이에요. 태양전지는 태양열 에너지를 모아 전기와 온수를 만들어 낼 수 있죠. 풍력 발전기는 바람의 힘으로 날개를 회전시켜 전기 에너지를 만들어요. 또 땅속 깊이 구멍을 뚫고 지열을 모아 온수를 만들기도 하죠. 댐에서 방출하는 물의 힘이나 파도의 힘으로도 전기를 만들 수 있어요.

지구온난화

지구가 점점 뜨거워지고 있어요

지구를 둘러싼 거대한 공기층을 대기층이라고 해요. 대기층에 있는 이산화탄소(CO2)와 메탄(CH4) 등 온실가스가 지구 밖으로 열이 빠져나가는 것을 막아줘요. 온실가스가 있어서 생명체가 살 수 있는 온도가 유지되는 거예요. 그러나 지금은 대기 중에 온실가스가 지나치게 많아졌어요. 온실가스를 배출하는 화석 연료를 너무 많이 사용하고, 이산화탄소를 흡수하는 숲을 없애버렸기 때문이에요. 온실가스가 많아지면서 지구가 지나치게 뜨거워지고 있어요. 이것을 '지구온난화'라고 해요. 지구온난화 때문에 태풍, 가뭄, 폭설 등 예상할 수 없는 기후 재난이 잦아졌어요. 수많은 생물과 사람이 죽고 생태계가 파괴되고 있어요. 숲을 보호하고 화석 연료의 사용을 줄여야 지구를 지킬 수 있어요.

친환경 단열재

쾌적한 실내 온도를 유지해요 _ 10p, 29p, 32p

바깥 온도가 낮을 때 집안 열기를 보호하고, 바깥 온도가 높을 때 시원한 실내 온도를 유지할 수 있는 집은 잘 지어진 좋은 집이에요. 이런 집을 지으려면 바닥, 벽, 지붕 속에 열 이동을 차단하는 단열재를 넣어야 해요. 자연에도 성능 좋은 단열재가 많아요. 양털이나 코르크, 짚이나 대마, 대팻밥 같은 자연 섬유는 오래전부터 사용한 천연 단열재예요. 최근에는 셀룰로스 단열재, 유리섬유 단열재, 직물 단열재처럼 재활용품으로 단열재를 만들어요. 나무와 흙도 자연에서 구할 수 있는 훌륭한 단열재예요.

패시브 건축

냉난방 에너지를 절약해요 _ 17p

패시브 건축은 난방이나 냉방 에너지를 아주 적게 사용하면서 건물 자체만으로 쾌적한 온도를 유지할 수 있도록 계획된 건물이에요. 패시브 건축 중에는 에너지를 전혀 사용하지 않는 건물도 있어요. 패시브 건축은 생물기후학 건축 중 하나예요.

패시브 건축 재료

천천히 뜨거워지고, 천천히 식어요

겨울철 한낮의 태양열로 따뜻해진 집이라도 저녁이 되면 열기가 사라져 보일러를 틀어야 해요. 여름철 밤 동안 서늘해진 집 온도는 태양이 뜨면 금세 올라가 에어컨을 틀어야 하지요. 패시브 건축은 열을 저장했다가 천천히 되돌려 주는 재료를 사용해요. 흙이나 돌, 콘크리트 같은 건축 재료는 열을 받으면 천천히 뜨거워지고 기온이 내려가면 천천히 식어요. 주변의 온도가 변해도 원래 온도 상태를 유지하려는 성질을 가지고 있기 때문이에요. 한낮의 열에너지를 저장해둔 집은 서늘한 밤이 되면 열기를 발산할 거예요. 패시브 건축 재료로 집을 지으면 한낮에 모아둔 열에너지가 추운 밤에 발산될 거예요. 난방 기구 없이 따뜻한 밤을 보낼 수 있어요.

화석 에너지

지구온난화를 발생시켜요 _10P

천연가스, 석탄, 석유 등 화석 에너지는 땅속이나 바닷속에 있어요. 오래전 지구에 살았던 동식물이 죽어서 수백만 년 동안 분해된 다음 화석이 된 거예요. 화석 에너지는 오랫동안 우리 생활을 편리하게 만들었어요. 하지만 너무 많은 화석 에너지를 사용하는 바람에 지구의 대기층은 뜨거워졌어요. 화석 에너지 때문에 온실가스가 지나치게 많아졌기 때문이에요. 화석 에너지 양은 한정되어 있어요. 재생할 수도 없어요. 벌써 인류는 화석 에너지의 80% 이상을 사용했어요. 이런 속도라면 남은 양도 빠르게 줄어들 거예요. 지구온난화와 화석 에너지 고갈에 대비해야 해요.